DERECHO ROMANO

BREVE DICCIONARIO DE TÉRMINOS

Luis Antonio Buenfil Rojas
Compilador

ISBN 10: 1494253690
ISBN-13: 9781494253691

CONTENIDO

PRESENTACION

Es primordial conocer los términos y nombres de las figuras jurídicas que han dado origen a nuestro moderno derecho mexicano, para contar con el acervo necesario y las herramientas para el desarrollo de la abogacía.

La inquietud de crear este documento de consulta surgió de la propia experiencia y la necesidad de contar, como estudiante de las ciencias de derecho, con referentes de terminología asequibles; un documento donde poder encontrar, en una consulta de información básica, los conceptos a los que se acerca el educando por primera vez.

Este documento incluye las figuras y frases más representativas que derivan del Derecho Romano, las cuales pueden, en el transcurso del estudio de esta ciencia y del ejercicio permanente como profesionales, irse enriqueciendo día con día.

Las deficiencias del conocimiento y manejo de conceptos básicos y la carencia de herramientas que apoyen a solventar estas deficiencias, son limitantes de la formación en cualquier disciplina.

Cualquier esfuerzo realizado para apoyar la mejora de la educación es trascendente en la voluntad de preparar mejores ciudadanos, en cualquier país.

Estas consideraciones se encuentran en la base de todos los esfuerzos realizados en nuestro México que buscan la modernización de la educación con la participación activa de todos los integrantes de la sociedad.

A

A contrario sensu.- En sentido contrario.

Accessio.- Accesión.

Accipiens.- Palabra latina que designa a la persona que recibe un pago: Generalmente *accipiens* es el acreedor.

Accipiere actionem.- Era una de las cuatro actitudes que podía asumir el demandado cuando en el procedimiento *injure* era presentado ante el pretor. Esta actitud consistía en que el demandado en presencia del pretor y del actor, negaba los hechos alegados por éste último, obligándolo —al actor- a reunir pruebas para comprobar más tarde, la veracidad de los hechos en que fundaba su acción, ésta podía combinarse con una segunda actitud consistente en alegar otros hechos que destruyeran la fundamentación presentada por el actor pidiendo su inserción en la fórmula como *exceptio*.

Actio ad supplendam legitimam.- Acción para completar la legítima acción a demandar.

Actio communi dividundo.- Acción de división de cosa común.

Actiofinium reyundorum.- Acción de deslinde.

Actio familiar erciscundae.- Acción destinada a lograr la participación judicial de una sucesión indivisa entre *coherederos* .Esta acción que se remonta a la ley de las XII Tablas, debía ejercerse de buena fe y con carácter personal, en ella el juez está investido de un doble poder, ya que puede hacer adjudicaciones atribuyendo a cada uno de los copartícipes la propiedad exclusiva de los bienes puestos en su lote, o puede también condenar a cada una de las partes a prestaciones personales para con los demás.

Actio negatoria.-Medio protector de la propiedad quiritaria creado por el *ius civite*, mediante el cual el propietario podía impedir que cualquier persona turbara el goce pacífico de sus propiedades alegando una servidumbre ya sea personal o predial. Esta acción presenta algunas particularidades; el demandante está casi siempre en posesión de la cosa sobre la cual niega que el demandado tenga una servidumbre y, debe probar su derecho de propiedad sobre las cosas.

Actio Publiciana in rem.- Acción publiciana.

Actiones bonaefidei.- Acciones de buena fe.

Actiones adiectitiae qualitatis.- Acciones adyecticias.

Actiones arbitrariae.- Acciones arbitrarias.

Actiones certae, actiories incertae.- Acciones ciertas, acciones inciertas

Actiones civilis, actiones honorariae.-Acciones civiles, acciones honorarias.

Actiones ficticiae.- Acciones ficticias.

Actiones in fanum.- Acciones de hecho.

Actiones praeiudiciales.- Acciones prejudiciales.

Actionies reipersequendae causa, actiones poenales, actiones mixtae- Acciones reipersecutorias, penales y mixtas.

Actio exercitoria.- En el derecho romano era la acción reconocida a la persona que había contratado un *alieni iuris,* colocado por el pater familias como patrón de un nave, a fin de que pudiera reclamarle por la totalidad de las deudas contraídas por el patrón en los negocios referentes a la nave, llevados a cabo en su calidad de tal.

Actio revindicatoria.- Acción contemplada por el ius civile para proteger la propiedad quiritaria, se considera la principal actio in rem porque es la sanción del derecho más completo que se pueda tener sobre una cosa; el derecho de propiedad. Gracias a ésta acción, un propietario desposeído puede hacer valer contra todo detentador, su derecho de propiedad, para obtener la restitución de la cosa que le fue quitada.

Actio in Rem.- En el Imperio Romano se le denominaba así a una acción real.

Actio Institutoria.- Esta acción fue otorgada en Roma, contra el *pater familias* que hubiese colocado frente a un establecimiento de su propiedad en calidad de factor, a un *alieni iuris* a quienes hubiesen contratado con él, para el caso que tuviere necesidad de formular una reclamación con él, para el caso que tuviese con motivo de los negocios realiza dos con el mismo.

Actor incumbit probatio.- Adagio que significa que la prueba le corresponde al actor.

Actor sequitur forum rei.- Adagio latino que ignifica que el actor debe intentar su acción ante el tribunal demandado.

Ad cautelam.- Actos, escritos o recursos, que se formalizan aún sin creerlos necesarios, en previsión de que el juez pueda resolver en contra de lo que se estima o espera procedente.

Ad corpus.- Con esta expresión latina se hace referencia a la venta de un inmueble determinado, que puede hacerse sin indicación de su área y por un único precio.

Ad efectum vivendi.- Literalmente significa "A los defectos de que vea" Se utiliza en el foro para significar que un documento debe tenerse a la vista por el juez en el acto de resolver, pero sin necesidad de que quede incorporado definitivamente a los autos.

Ad hoc.- (Lit. para esto) Expresión adverbial latina que se aplica a lo que se dice o hace solo para un fin determinado; para un solo acto o una oportunidad especial.

Ad honorem.- Desempeño de un cargo o función sin retribución económica, por el honor que ello representa para quien lo ejerce.

Ad nutum.- Acto revocable que puede serlo mediante la expresión de la voluntad de una sola parte de las interesadas en un mismo negocio.

Ad probationem.- Finalidad de la formalidad exigida para dar vida a determinado acto jurídico para el efecto de que, mediante ello, dicho acto pueda ser probado en caso necesario.

Ad Quem.- Juez ante el cual se apela.

Ad referendum.- Expresión con la que manifiesta que una ley o acto jurídico público, no obstante su aprobación o acuerdo por órgano competente.

Ad rem.- Exprésase jurídicamente con esta elocución latina, el derecho que se tiene al goce o a la propiedad de alguna cosa.

Ad solenmitaten.- Naturaleza de las formalidades exigidas en la realización de un acto jurídico para su validez. "Locución latina que se utiliza para significar que un requisito es reclamado por la ley como solemnidad necesaria, de modo que su omisión determina la nulidad o existencia.

Ad verbum.- Expresión latina que significa al pie de la letra.

Addictio in diem. Pacto de adjudicación a término.

Actio societatis.- Voluntad de formar sociedad. Intención que debe animar a los asociados, de colaborar en una situación de igualdad. Implica no solo un espíritu de colaboración sino también el derecho para cada asociado, de ejercer un control sobre los actos de los administradores de la sociedad.

Adrogatio.- Es la forma más antigua de adopción. Por medio de ella se permitía que un *Paterfamilias* adquiriera el derecho de ejercer la patria potestad sobre otro *Paterfamilias*. Es un acto que hacía pasar a un ciudadano *Sui Juris*, bajo la autoridad de otro jefe. Podía resultar la desaparición de una familia y la extinción de un culto privado, por lo que el procedimiento formal de la *adrogatio*, era más severo que el de la adopción.

A fortiori.- Con mayor razón.

Aequitas.- El término latino *aequitas* o *aequus'* alude a la necesaria adecuación "que el derecho tiene que lograr para aplicarse en el caso concreto; por eso suele decirse, con razón, que la equidad es la justicia del caso concreto, porque de lo contrarop en derecho conduce a la máxima injusticia *(summun ius summa injuria)*. La *aequitas* fue para los romanos el medio que les permitió llevar a su máxima expresión las garantías jurídicas de la vida social, estableciendo la necesidad que separa el derecho, el poder arbitrario, considerando que para el derecho fuese tal, precisaba moverse siempre en sentido de lograr la equidad.

Alieni iuris.- En Roma, persona libre que se encontraba sometida al poder del

pater familias. En lo político, este era un ciudadano romano y tenía en este campo los mismos derechos que el *pater familias* (derecho de voto, a ser electo magistrado, a formar parte del ejercito).

Animus.- Intención del poseedor de hacer de hacer suya la cosa poseída que, según la doctrina clásica sobre esta institución, constituye un elemento esencial de la posesión Civil.

Animus abutendi.- Animo de abusar. II. El propósito de emplear las facultades de manera distinta a la debida y de manera improcedente, a favor propio o en contra del amparado por la ley, o del titular de un interés legítimo,

Animus adjuvandi ,- Animo de ayudar o de favorecer. E lícito en general cuando se procede de buena fe, como en las relaciones familiares, en las sociedades etc.

Animus celanti.- Intención de ocultar o encubrir.

Animus consulendi.- Intención de aconsejar o de informar.

Animus damni vitandi.- Voluntad de evitar un daño.

Animus decipiendi.- Deseo de engañar .

Animus dolendi.- Intención dolorosa.

Animus donandi.- Intención de donar.

Animus laedendi.- Voluntad de dañar.

Animus luccandri.- Voluntad de lucrar.

Animus manendi.- Voluntad de permanecer.

Animus narrandi .- Intención de

narrar.

Animus necandi.- Deseo de matar.

Animus nocendi.- Propósito de dañar o perjudicar.

Animus obligandi.- Intención de obligar.

Animus occidendi.- Propósito de matar violentamente.

Animus posidendi.- Intención de poseer.

Animus retorquendi.- Ánimo de replicar, redargüir.

A non domino.- Expresión latina que significa que se ha recibido un bien de una persona que no era propietario. II Adquisición que no se realiza a titulo de dueño.

Anticresis.- Forma especial de la prenda en la que las partes establecía una convención o pacto anticrético, mediante el cual el acreedor prendario tenía derecho a utilizar el objeto dado en prenda con la finalidad de percibir sus frutos hasta que con su importe se paguen los intereses de la deuda.

Apudacta.- Forma especial de apoderamiento para un juicio que se realiza compareciendo el otorgante ante el secretario judicial (manifestando dentro del acta) que al efecto se extienda, que lo hace a favor de la persona quien se refiere y expresa directamente.

Arrae. Pacto de arras.

B

Barbari.- Originalmente fue la palabra que los romanos utilizaron para designar a cualquier pueblo extranjero, no civilizado y que tuviera una lengua extraña; después el término se aplicó a los enemigos del Estado romano y a los pueblos que no hubiesen celebrado ningún tratado con Roma.

Beneficium abstinendi.- Los descendientes de una persona y las personas que estaban bajo su potestad en el momento de su muerte fueron conocidos como herederos suyos y necesarios, por tal motivo no podían rechazar la herencia, bien fuera un intestado o una herencia testamentaria. Sin embargo, el pretor les permitía abstenerse de ella en caso de que prefirieran la venta de los bienes para pagar las deudas si se trataba de una herencia cuyo pasivo superara al activo (Gayo, *2,* 157-160).

beneficium separationi.- Otorgado a los acreedores de la herencia para que los bienes de ésta no se confundieran con los del heredero y de esta manera pudieran satisfacer su crédito.

Bona fide.- De buena fe.

Bonus.- Bien.

Bona vacantia.- Herencia vacante.

Bonorum Distractio.- Es la venta en detalle del patrimonio del deudor, sustituida a la venta en bloque y operada por el ministerio de un curador.

Bonorum possessio secundum tabular. Testamento pretorio.

Bonorum possessio sine tabulis, intestati.- Sucesión legitima en el derecho honorario.

C

Capitis diminutio.- Pérdida de la capacidad civil en el antiguo derecho romano.

Casus, vis maior. Caso fortuito o fuerza mayor.

Casus belli.- Acto realizado por un estado contra otro y que es considerado por este como motivo fundado para la declaración de una guerra.

Casus Foederis.- Caso previsto en un tratado de alianza que obliga a los Estados contratantes cuando llega a realizarse, a prestar la ayuda convenida a aquel de ellos contra el cual se haya cometido.

Cautio.- Fianza.

Cautio de rato et grato.- Fianza que da la persona que pretende actuar en juicio a favor de otra impedida o ausente, que no le ha otorgado su representación, asegurando que los actos que realice serán notificados por ella.

Cessio.- Cesión.

Civitas.- Conjunto de derechos del ciudadano Romano

Clientes.- Se denomina clientes a aquellas personas agrupadas bajo la protección de un jefe de familia que hace las veces de patrón. Los clientes o la clientela surgen de entre los más pobres de la gran masa de población romana, así como aquellas de origen extranjero, que acudían a la familias patricias poderosas en busca de apoyo y protección a cambio la prestación de determinados servicios; por tanto, la relación patrón-cliente crea entre ellos derechos y deberes. Estas obligaciones recíprocas estaban enérgicamente sancionadas por el derecho Romano; el patrón o el cliente que las violaba, era declarado *sacer* y podía ser muerto impunemente. La calidad de cliente se transmitía hereditariamente.

Cohors praetoria.- Guardia pretoriana.

Codex Gregorianus.- Código Gregoriano.

Codex Hermogenianus.- Código Hermogeniano.

Codex Justinianus.- Código de Justiniano.

Codex Theodosianus.- Código Teodosiano.

Colonia partiaria.- Aparcería.

Concubinatus.- Concubinato/ En la antigua Roma era unión permanente y monogámica entre un hombre y una mujer que no estaban unidos en matrimonio, y que carecía de las consecuencias jurídicas de esta institución. No se consideraba una unión ilegítima y fue común entre personas pertenecientes a distinta clase social. Los hijos nacidos de un concubinato no caían bajo la potestad del padre.

Condictio.- Esta acción de la ley fue creada por una ley Silia, para las obligaciones de sumas determinadas, *certae pecuniae*, y por una ley Calpurnia para toda obligación de cosas ciertas, de *omni certa re*. Al parecer, esta creación no tuvo por objeto llenar un hueco en el procedimiento, porque los litigios sobre semejantes obligaciones podían haberse cortado con ayuda de la *actio sacramenti* o de la *judicis postulatio*. El legislador quiso, sin duda, instituir para esta clase de asuntos un procedimiento más sencillo, bien fuera por las formalidades cumplidas *in jure* o por una abreviación del término.

Lo único que se sabe es que el demandante requería al adversario delante del magistrado para que se presentase después de treinta días, con objeto de escoger un juez.

Confessio in iure.- Era una de las cuatro actitudes que el demandao podía asumir en el sistema formulario cuando estaba sujeto a un procedimiento *in iuire*. La *Confessio in iure* consisitía en el reconocimiento por parte del demandado, del deber reclamado, en cuyo caso ésta confesión equivalía a una sentencia condenatoria teniendo presente, reconocimiento de las acciones del actor, lo que producía al demandado la pérdida del proceso.

Confusio.- Modo extintivo de las obligaciones y de algunos derechos, como las servidumbres.

Contra legem.- En contra de la ley.

Contractus.- Contrato / Acuerdo entre dos o más personas para crear obligaciones.

Consensu.- Contratos consensuales.

Commodatum.- Comodato./ Contrato nominado, real, gratuito, sinalagmático imperfecto y de buena fe, consistente en un préstamo de uso, por el cual una persona, el comodante, entregaba a otra, el comodatario, una cosa no fungible para que la usara y la devolviera en el plazo convenido, y respondiera por los daños que la cosa pudiera sufrir, salvo por causas ajenas a él, o sea, por causa de caso fortuito o fuerza mayor, salvo que se hubiera convenido lo contrario. El comodatario quedaba obligado a devolver la cosa y, eventualmente, el comodante podría quedar obligado a restituir al comodatario los gastos realizados en la conservación de la cosa, o por los daños que hubiera sufrido por vicios ocultos de la misma. Para exigir la devolución de la cosa, el comodante tenía una acción directa (actio commodati directa) y para exigir los gastos o daños, que eventualmente se originaran, el comodatario tenía una acción contraria (actio commodati contraria). El comodatario no adquiría la propiedad ni la posesión de la cosa, sólo la detentación; por eso no era necesario que el comodante fuera propietariodel objeto.

Communio.- Copropiedad /Existía cuando varias personas eran titulares del derecho de propiedad sobre el mismo objeto, en cuyo caso cada una de ellas sería propietaria de una cuota ideal.

Corpus.- Elemento material de la posesión que se considera como la manifestación de un vínculo entre el hombre la cosa.

Corpus delicti .- Cuerpo del delito.

Corpus iuris civilis.- Es la compilación realizada por el emperador Justiniano en la primera mitad del siglo VI, consta de siguientes partes: Las instituciones, síntesis de preceptos y doctrinas; el Digesto, reproducción de fragmentos de textos antiguos; *el* Código, colección de disposiciones de emperadores y las Novelas o leyes nuevas.

Cosa.- Proviene del latín *res* que en sentido amplio comprende todos aquellos elementos corpóreos o incorpóreos que puede procurar a algunas personas su utilidad.

Cura.- Curatela. / Al igual que la tutela, fue una institución de protección y representación de incapaces. Tenían curador, para auxiliarlos en la realización de actos jurídicos, los locos, los menores de 25 años y los pródigos. El curador debía administrar los bienes del pupilo o, en su caso, prestar su consentimiento a aquellos actos que él mismo celebrara. También se les nombró curador a los impúberes que estuvieran sujetos a tutela, cuando existiera algún problema con el tutor. La curatela terminaba si el demente recobraba la razón, al pasar el menor los 25 años de edad o si el pródigo enmendaba sus costumbres. Las garantías establecidas para el pupilo en caso de un mal desempeño del curador fueron las mismas que se conocieron en el caso de la tutela. Además, el curador no podía casarse con la pupila, ya que la curatela se consideró un impedimento matrimonial. En casos excepcionales un impúber sujeto a tutela podía tener un curador.

Cura furiosi. Curatela de los locos

Cura impuberis. Curatela de los impúberes

Cura minoris. Curatela de los menores de 25 años

Cura prodigi. Curatela de los pródigos

Curiae. Curias / Subdivisión de los ciudadanos romanos en grupos llamados *curias,* que integraban cada uno de los tres sectores en los que Rómulo, el primer rey, agrupó a los ciudadanos romanos varones.

D

Damnum infectum.- Daño posible más o menos inminente.

Damnum emergens.- Pérdida experimentada en su patrimonio por la persona que sufre daño.

De lege ferenda.- Hace referencia a la ley tal como desearíamos que fuese hecha.

De lege data.- Hace referencia a la ley tal y como existe.

Dies.- Término o plazo.

Digesta Iustiniani.- Digesto de Justiniano

Dies a quo.- Día en el que comienza un plazo a partir del cual el plazo es computado.

Dies ad quem.- Último día de un plazo.

Divortium. Divorcio

Derelictio.- Término latino para designar el abandono de bienes como una forma de poner fin al derecho de propiedad por acto unilateral y voluntario.

Dominica potestas.- Es el poder que el dueño o *dominus* tiene sobre el esclavo.

Dediticii. Ciudadanos de alguna comunidad capturada por los romanos y también libertas, que antes de su manumisión hubieran sido condenados por algún delito. Eran libres, pero como no tenían la ciudadanía romana, tampoco tuvieron derechos políticos; esta categoría fue abolida por Justiniano cuando gobernó Roma.

Delictum.- Delito.

Depositum.- Depósito.

Detentio.- Detentación.

Dictator.- Dictador.

Dolus.- Dolo.

Domus.- Se entiendo por *domus* o familia a la reunión de personas colocadas bajo la autoridad o la *manus* de un jefe único (*pater familias*).

Dote.- Conjunto de bienes que la mujer entrega al marido para ayudar a las necesidades y gastos de la vida matrimonial. La dote podía ser constituida por la mujer misma, por uno de sus ascedientes o por un tercero. Si era dada por el padre o por ascendiente se denomina *adverticia*. La dote se constituye antes del matrimonio y solo es válida si éste se realiza, pero también puede ser constituida aumentada durante el matrimonio.

Do ut des.- Doy para que des. Locución latina que expresa muchas veces el móvil de una acción, es la esperanza de la reciprocidad.

E

Emphyteusis.- Es una concesión de tierras por parte de entes públicos o sagrados a los particulares a perpetuidad y por largo término, mediante el pago de un canon. Su antecedente es *el ius agro vectigali* que era una espacie de arrendamiento agrícola con efectos reales. La enfiteusis que significa plantas, daba derecho a poseer terrenos ajenos como si fuera propietario, a la condición de cultivarlos debidamente y pagar cada año un canon.

Emptio venditio.- Compraventa / Contrato nominado, consensual, oneroso, sinalagmático, *intuitu rei* y de buena fe, por el cual una persona, el vendedor *(difor)*, se obligaba a transferir a otra, el comprador *(emptor)*, la posesión libre, completa y duradera de una cosa, a cambio de una cantidad determinada de dinero, que constituía el precio. Para exigir las obligaciones derivadas del contrato existieron la *actio empti*, con la que también el comprador podía reclamar la evicción y la *actio venditi*. Además, el comprador, frente a vicios ocultos de la cosa, tenía la *actio redhibitoria*, para pedir la rescisión del contrato, o la *actio quanti minoris*, para pedir una reducción en el precio. El derecho romano reguló también dos casos especiales de la compraventa: la compra de esperanza *(emptio spei)* y la compra de una cosa esperada *(emptio rei speratae)*; en ambos casos, el contrato se refería a una cosa que todavía no existía, pero que supuestamente existiría en el futuro. En el primer caso, esto es, la compra de esperanza, el contrato se perfeccionaba desde un principio y el comprador debía pagar el precio aunque la cosa futura no llegara a existir. En el segundo caso, o sea, la compra de una cosa esperada, el perfeccionamiento del contrato se condicionaba a la existencia de la cosa y sólo entonces el comprador debía pagar el precio.

Erga Omnes.- Expresión latina usada para referirse a la eficacia que tienen determinados actos, frente a todos, aún aquellos que no sean parte de los mismos.

Error in iudicando.- Error cometido por el juez que afecta al procedimiento, no a la cuestión de fondo objeto de la posesión.

Ex consensu.- Con el consentimiento.

Ex consuetudine.- Locución latina que significa: Según la costumbre.

Ex contractu.- Se emplea para señalar aquello que surge en la virtud de un contrato.

Exequatur.- Resolución judicial por medio el tribunal competente de un determinado Estado autoriza en la ejecución de su territorio una sentencia extranjera o un laudo arbitral. II Venia necesaria para los agentes diplomáticos que servía para ejercer su función en el territorio del Estado al que sean destinados y que es otorgada por el jefe del poder ejecutivo de éste.

Ex lege.- Se aplica en aquellos casos en que se desea hacer notar que algo se hace conforme a la ley o en su virtud.

Ex nunc.- Da a entender que una ley, contrato o condición no tienen carácter retroactivo, si no que produce sus efectos a partir del momento en que se inició o perfeccionó una relación jurídica.

Ex oficio.- Por su cargo.

Extra legem.- Término latino que significa fuera de la ley.

Ex tunc.- Se emplea para expresar que una ley, acto o contrato tienen efectos retroactivos al momento que fueron originados.

F

Fas.- Expresión utilizada por los romanos para designar a las instituciones del derecho que consideraban de orden divino, en contraposición a las emanadas de los hombres. Por tanto, *fas* es el derecho sagrado o *lex* divina, en tanto *ius* es la obra de la humanidad o lex humana. En cuanto al concepto *fas* se sabe que procede del verbo *fari* que significa hablar. *Fas* como fue usado como sinónimo de licitud y *nefas* como relativo a ilicitud que impide violar lo que es sacro o *sacer*.

Filius familia.- Son todas aquellas personas *alieni iuris* que están sujetas a la autoridad del *pater familias,* con independencia de que tengan con este último, vínculos biológicos (parentesco de sangre) Se consideran como *filius familias*.

Fructus .- Palabra latina con la que se designa uno de los atributos de la propiedad clásica: E1 derecho d percibir los frutos de la cosa, en e1sentido más amplio de la expresión. V. *jus frendi*.

Furtum.- Robo.

G

Gens. Clan/ Organización familiar y política antigua, que algunos autores que precedió al Estado, y estaba compuesta por familias que descendían de un antepasado común. En Roma, en los primeros tiempos, sólo se constituyó por patricios, aunque con el tiempo también los plebeyos integraron sus propios grupos gentilicio

Guarentigio.- Calificación aplicada tradicionalmente al contrato, escritura o documento que por la voluntad expresa de los interesados, la autorización para que el caso de incumplimiento de la obligación que en ellos constase pudiera procederse, sin más la ejecución forzosa, por habérseles otorgado la autoridad de la cosa juzgada.

H

Habitatio.- Habitación.

Heres.- Heredero.

Heredad.- Predio o finca.

Homo Juridicus.- Es el hombre que, en hipótesis permanece siempre en el interior del derecho, es decir el que no viola ninguna norma jurídica.

Honoris Causa.- Por razón o causa de honor.

I

lmprobus Litigatur.- Litigante carente de probidad. Litigante de mala fe.

Impúber.- Persona que no ha llegado a la pubertad.

In Articulo Mortis.- Locución latina que significa literalmente en artículo de muerte. Con esta frase se indica -referida a los actos jurídicos- los que otorga una persona que está en inminente peligro de muerte, como puede ser en los casos de matrimonios y testamentos.

Inaudita Altera Pars.- Locución latina que significa "no oída por la otra parte", y se aplica a las situación e en las cuales el juez accede o deniega la pretensión de un litigante sin sustanciarla con el adversario.

Incoar.- Dar comienzo a un proceso, pleito o expediente.

In Dubio Pro Reo.- Aforismo latino según el cual el juez, en caso de duda, debe decidir en favor del reo, absolviéndolo.

In Fragranti.- En el momento mismo en que se está cometiendo el delito.

Información Ad Perpetuam.- Acto de jurisdicción voluntaria que tiene por objeto llevar a cabo una averiguación o prueba, destinada a justificar algún hecho o acreditar un derecho, para que en lo sucesivo conste inequívocamente.

Informe In Voce.- Informe oral, formulado ante un juez o tribunal o alguna autoridad administrativa.

In Itinere.- En el curso o durante el camino.

In Limine Litis.- En el comienzo del curso.

In Sólidum.- Por entero, por el todo.

In iure.- Fase ante el magistrado

In iure cessio.- Cesión ante el magistrado

Indebiti soluti.- Pago de lo indebido

Intuitu Personae.- En consideración a la persona. Expresión que significa que, en la celebración de un contrato, las calidades personales del contratante son tomadas en cuenta.

Ipso Facto. Efecto producido por un

hecho o acto jurídico por su virtualidad propia, sin necesidad de declaración judicial alguna.

Ipso lure.- Efecto producido por una norma jurídica, por su propia virtud, sin requerimiento o instancia de parte.

Inter Criminis.- Curso o desarrollo del delito desde el momento en que aparece como idea en la idea del delincuente hasta el instante de su consumación.

Iudex.- Juez

lurapatronatus.- Derechos de patronato

Iurisconsultus.- Jurisconsulto

Iurisprudentia.- Jurisprudencia

Ius.- Derecho

Ius adcrescendi.- Acrecimiento

luris Et De Iure.- Presunción legal que no admite prueba en contrario.

Iuris Tantum.- Presunción que si admite prueba en contrario.

Iustitia.- Justicia

J

Judicatum Solvi.- Locución latina que literalmente significa "de pagarse lo juzgado", y que en el uso forense equivale a la fianza de un amigo.

Jura Novit Curia.- Aforismo romano que contiene el reconocimiento de que el juez conoce el derecho, colocándolo como consecuencia fuera del objeto de la prueba.

Jure Et Facto.- De derecho y de hecho.

Juris Consultae.- Perito en Derecho, Cuya actividad consiste en resolver consultas y emitir dictámenes, oralmente o por escrito, sobre las materias propias de su competencia.

Jurisprudencia.- Ciencia del derecho, es la más antigua; en la actualidad, se denomina así a la "interpretación que la autoridad judicial da ordinariamente a una ley, y así se opone la jurisprudencia a la doctrina como expresión de la ciencia".

Jus.- Voz latina que significa derecho.

Jus Abutendi.- Es el tercero y último de

los derechos que se componía el dominio. El gerundio *Abutendi* se deriva a de la partícula latina *Ab* que significa "fuera de" y el verbo *utor-eris-usus sum-uti* por lo que etimológicamente *abusus* quiere decir: el empleo que hace de una cosa fuera de lo ordinario. O, dicho de otro modo: el uso extraordinario, anormal o anómalo de la cosa materia del dominio.

Jus Ad Rem.- Categoría de derecho patrimoniales intermedia entre los derechos reales y los derechos personales, que no conceden una potestad directa sobre la cosa, pero atribuyen al titular un poder en cuanto a ella, que es superior al derivado de la obligación, hasta el punto de que se convierte en real bajo cierto supuesto.

Jus Civile.- Expresión latina que se utiliza en derecho internacional privado, para designar el derecho privado de cada pueblo, por la oposición al *Jus Gentium*.

Jus Connubil.- Derecho al matrimonio.

Jus fruendi.- Al derecho de dominio le corresponde también el jus *fruendi* o *usufructus*, término derivado del verbo latino *fruor-eris-fructus-uti*, que quiere decir disfrutar, es decir, el derecho de aprovechar lo que producen las cosas natural o artificialmente.

Jus Gentium.- Derecho de gentes. Expresión latina que se utiliza en derecho internacional privado, para referirse al conjunto de reglas que tienen su fundamento en la naturaleza de las cosas, aplicadas a todos los pueblos y no solamente a los sujetos de un Estado determinado.

Jus In Agro Vectigal.- Era el derecho real que obtenía una persona sobre la tierra de un municipio que se le entregaba en concesión, con la obligación de pagar una renta llamada *vectigal*.

Jus In Persona.- Significa derecho de persona o de obligación.

Jus In Re.- Significa derecho real o de cosa.

Jus Puniendi.- Derecho de castigar, atribuido tradicionalmente al Estado.

Jus Sanguinis.- Principio para la atribución de la nacionalidad que mantiene como criterio para otorgarla el que los hijos tienen la de sus padres, sea cualquiera que sea el lugar en el que nazcan.

Jus Solí.- Principio de la atribución de la nacionalidad que mantiene el

hecho del nacimiento del sujeto o
de su residencia por una cierto
tiempo en el territorio del Estado.

L

Latinis Coloniari.- Son los ciudadanos romanos que se habían establecido en una colonia. Ellos carecían de todos los derechos políticos en Roma pero los ejercían en su ciudad. Los Latini Coloniarii, son ciudadanos o mejor dicho es una categoría intermedia entre ciudadanos y extranjeros.

Laudatio o Nominatío Autoris.- Indicación de quien siendo poseedor inmediato en calidad de arrendatario, depositario, usufructuario, etc.

Leges caducariae.- Legislación caducaria

Legis actio per condictionem.- Acción de la ley por emplazamiento o notificación

Legis actio per iudicis arbitrive postularionem.- Acción de la ley por petición de un juez o de un árbitro.

Legis actio per marlus iniectionem.- Acción de la ley por aprehensión corporal.

Legis actio per pignoris capionem.- Acción de la ley por toma de prenda.

Legis acrio sacramentum.- Acción de la ley por apuesta sacramental.

Legis actiones.- Procedimiento de acciones de la ley.

Lego.- En relación con los jueces, lego es no letrado.

Lex Fori.- Ley del tribunal.

Lex Loci.- Ley del lugar.

Lex Loci contractus.- Ley del país en el que se ha celebrado un contrato.

Lex Rei Sitae.- Ley del lugar de la cosa.

Lex Tollitur.- Frase latina que expresa el principio de que una ley se abroga por otra ley.

Litis.- Causa / Juicio / Pleito.

Litis Consorte.- Persona que está con otra en un juicio civil o administrativo, en defensa de un mismo interés.

Litis Contestatio.- Contestación a la demanda. La contestación a la demanda, en el proceso moderno, es una carga procesal no una obligación. / Cuando los debates sobre la composición de la fórmula han tenido fin, el pretor la redacta, entregándosela al demandado, que debe aceptarla, si la rehusa, impidiendo de esta manera al proceso seguir su curso, se expone a las rigurosas medidas contra ordenadas contra el *indefensus*. Si la acepta, el acuerdo de las partes paraque sea examinado por un juez el litigio pone fin al procedimiento *litis– contestatio*. La palabra *litis contestatio*, quedó para designar el último acto del procedimiento formulario delante del magistrado. Entonces es cuando el proceso está completamente entablado, resultando consecuencias importantes.

Litis Denuntiatio.- Notificación de la demanda al demandado.

Litis Expensas.- Gastos costos causado en un juicio.

Litteris.- Contratos escritos.

Locatio conductio.- Arrendamiento.

Locus Regit Actum.- Locución latina mediante la cual se nos ha expresado tradicionalmente el principio que afirma que los pactos jurídicos se encuentran regidos por la ley del lugar de su celebración.

M

Magistratum.- Magistrado

Mandatum.- El mandato era un contrato por virtud del cual una se encargaba una persona gratuitamente de una comisión honesta y lícita; era un contrato consensual eminentemente gratuito, cuyo objeto era la comisión o encargo dentro de la ley de ejecución de un acto determinado que el mandatario hacía por cuenta del demandante.

Mandatum de Solvendo.- Orden judicial de mando.

Manus.- Potestad marital / Se entiende como una de las manifestaciones del señorío del paterfamilias sobre los miembros de su familia, en virtud de la cual la mujer entraba a formar parte de la familia agnaticia de su marido (*vir*), como si fuera hija de familia, quedando en consecuencia bajo la absoluta dependencia del paterfamilia (del marido o, si éste es *alieni iuris*, del jefe de la familia de éste), dejando de pertenecer a su familia agnaticia originaria. Dentro de la estructura jurídica del matrimonio romano, la manus tiene una importancia fundamental. En efecto, para los romanos la mano (*manus*) es el miembro que puede manifestar exteriormente el poder, de allí que la manus constituyese, de manera significativa, el poder del marido sobre la mujer, sin perjuicio de que con el correr de los tiempos se viese restringido el poder que ésta concedía al marido.

Matrimonium (iustae nuptiae).- Unión legal de dos personas de distinto sexo, realizada voluntariamente, con el propósito de convivencia permanente, para el cumplimiento de todos los fines que tiene la vida.

Minus Petitio.- Expresión latina que significa que el actor ha demandado en el juicio una prestación inferior a la que se le adeuda.

Mortis Causa.- Por causa de muerte.

Mutua Petitio.- Reconvención o contrademanda.

Municipium.- Municipio

Mutuum.- Mutuo

N

Nasciturus.- Ser humano no nacido pero ya concebido.

Nataluim restitutio.- Otorgamiento del derecho de haber nacido libre.

Naturales uberi.- Hijos nacidos de un concubinato duradero y exentos de la patria potestad

Naturalia negotti.- Parte de un contrato, los cuales valen de forma prefijada y por ley.

Nec procedat judex officio.- Locución latina que significa que el juez, normalmente civil, no debe proceder por iniciativa propia, sino a requerimiento de parte interesada.

Nefas.- Prohibido religiosamente.

Nomen.- Es el nombre gentilicio que tenían los Romanos.

Nomen juris.- Denominación o término jurídico

Nominatio auctoris.- Es una acción en la cual el detentador evita toda molestia indicando de que persona deriva su detentación.

Novatio necessaria.- Es una consecuencia de la *litis contestatio* en la cual el cumplimiento, después de la *litis contestatio* no impedía la *condemnatio*.

O

Obsequium.- Es un derecho que a consecuencia de ello ningún *liberto* podía ejercer acción penal contra su patrón; y para demandarlo civilmente necesitaba autorización especial del pretor.

Onus probandi.- Carga de la prueba.

Operae officiales.- Es un derecho, que consistía en los servicios que todos los libertos debían automáticamente a sus patrones.

Operae servorum.- Servicio de esclavos o animales ajenos.

Ope legis.- Por obra o en virtud de la ley.

Ordo iudiciorum.- Término en el cual se unen las dos primeras fases históricas del sistema procesal romano, las *legis actiones* y la del proceso formulario.

P

Patria potestas.- Patria potestad

Patricii.- Patricios

Peculatus.- Peculado

Pignoris capio.- Toma de prenda.

Per epistulam.- Forma de alcanzar la libertad, a través del envío de una carta al esclavo comunicándole que era libre.

Peregrini.- Es el hijo de la unión libre entre un romano y extranjero.

Peregrini dedicticio.- Habitante que se resiste a la dominación romana, pero después se rinde sin condición, no tienen ciudadanía, carecen de autonomía política de derecho. No podían vivir en un radio de 100 millas a la redonda de Roma; se les aplicaba el derecho natural.

Per aes et libram.- Negocios por el cobre y la balanza

Per formulam.- Procedimiento formulario

Peregrirnii.- Peregrinos

Permutatio.- Permuta

Pignus.- Contrato de prenda

Plebeii.- Plebeyos

Plebiscitum.-Plebiscito

Pontifex niaximus.- Pontífice máximo

Pontifices.- Pontífices

Possessio.- Posesión

Propter nuptias.- Por razón de matrimonio

Q

Quaestiones perpetuae. Tribunales penales.

Quota litis.- V. Pacto de cuota *Litis*.

Quasi ex confractu.- Cuasicontrato

Quasi ex delicto.- Cuasidelito

R

Ratio legis.- Locución latina que significa "la razón de la ley" y se usa para hacer referencia a los fundamentos que legitiman lo preceptuado.

Re.- Contratos reales.

Res Intracomercium.-Son aquellas susceptibles de apropiación privada.

Res mancipe.- Son las heredades, servidumbres esclavos y bestias de caza y tiro./ Son aquellas cosas susceptibles de propiedad privada, consideradas, según puedan o no, ser adquiridas por la mancipación. Entre ellas estaban los fundos de tierra y casas en Italia, las servidumbres rurales sobre los mismos fundos, los esclavos y las bestias de carga y de tiro.

Res nullius.- Cosa que no tiene dueño

Res nec mancipe.- Es todo que no se incluye en la Res Mancipe /enajenación por tradición.

Res Publicae.- Las cosas públicas son aquellas cuyo uso es también común a todos, pero que, al contrario de las cosas comunes, se consideran como propiedad del pueblo romano, excluyendo a las otras naciones.

Res religiosae.- Cosas destinada a los dioses.

Res sacre.- Objetos sagrados.

Res sontae.- Cosas que se ponen sobre o bajo la acción divna.

Reus.- Es quien desconoce un derecho o no ha cumplido un deber/ demandado

S

Sacer.- Figura del derecho romano arcaico, en que la vida se incluye en el orden jurídico únicamente bajo la forma de su exclusión (es decir de la posibilidad absoluta de que cualquiera de muerte a otra persona sin ser responsable jurídico ni penable por dicha acción aniquiladora). Figura traída al presente por el filósofo Italiano Giorgio Agamben.

Sacramentum.- Precio ofrecido a los Dioses pero no convertía en sacer a pesar de no tener la razón.

Satio.- El propietario del suelo es el propietario de la siembra.

Scribere.- La rutinaria formulación del contrato.

Secessiones plebis.- Salidas de la plebe

Sed vitae discimus.- No aprendemos para la escuela, sino para la vida.

Sedes materiae.- Trata del problema en cuestión.

Semper moran fur facit.- El ladrón se encuentra siempre en estado de mora.

Senatus consultum ultimum.- Poderes extraordinarios que podía conceder el Senado a los cónsules.

Senctus claudiani.- Relaciones sexuales de una mujer libre con un esclavo ajeno.

Senctus consultum.- Consejos paternales dirigidos al pueblo.

Senctus iuventianum.- Seudo heredero; no tenía obligación de restituir la herencia.

Senctus macedornanum.- prohibición de prestamos

Senctus neronianum.- Senado de Nerón.

Senctus orphitianum.- Herencia a favor de los hijos.

Senctus pegacianum.- Tiempos de *Vespacianum*.

Senctus tertullianus.- Traslado de los hijos a primer rango.

Senctus trebellianum.- Senado consulto de Trebeliano

Senctus ultimum.- Honores a los cónsules

Senctus vellaeanum. - Senado consulto

de Veleyano

Senes.- Fábula que procede de épocas arcaicas, .tal vez sean un recuerdo de sacrificio humanos ofrecido al *dios tiber*.

Seniores.- Personas mayores de cuarenta y cinco años.

Sequestrum.- Secuestro.

Servitus.- Servidumbre. El gravado por la servidumbre es el *fundus qui servit o servients.* / *Servitus o serviere* se utiliza para designar la esclavitud.

Servitus actus.- De hacer y llevar

Servitus altius non tollendi.- Servidumbre de no elevar la edificación.

Servitus aquae ductus.- Servidumbre de permitir el paso del agua.

Servitus aquae huastus.- Servidumbre de sacar agua en una fuente o manantial situado en un fundo ajeno.

Servitus calcis.- Servidumbre de preparar cal en un terreno.

Servitus create.- Servidumbre de sacar arena de predio ajeno.

Servitus itineris.- De aire, andar./Servidumbre de paso.

Servitus Juminis.- Servidumbre de desviación de agua de lluvia.

Servitus ne prospectui offciatur.- Asegurarse de un bello panorama.

Servitus onoris ferendi.- Obliga el propietario al sirviente./ Servidumbre de apoyo de muro

Servitus pecoris.- Servidumbre del ganado de beber en predio ajeno.

Servitus viae.- Servidumbre de pasar con carros

Servus glebae.- Hombre libre pero vinculado contractualmente.

Siete partidas.- Código orientador Elaborado por el Sabio Alfonso X fue proclamado en 1257, rey de los romanos por el arzobispo de Tréveris, en nombre de los electores de Sajonia, de Brandeburgo y de Bohemia. Consistió en: **Primera Partida**: En la que el autor demuestra que todas las cosas pertenecen a la iglesia católica, y que enseñan al hombre conocer a Dios por las creencias. **Segunda Partida:** Lo que conviene hacer a los reyes, emperadores, tanto por sí mismos como por los demás, lo que deben hacer para que valgan más, así como sus reinos, sus honras y sus tierras se acrecienten y guarden, y sus voluntades según derecho se junten con aquellos que fueren de su señorío. **Tercera Partida:** La Justicia que hace que los hombres vivan unos con otros en paz, y de las personas que son menester para ella. **Cuarta Partida:** Los desposorios, los casamientos que juntan amor de hombre y de mujer naturalmente y de las cosas que les pertenecen, y de los hijos derechureros que nacen de ellos, y de los otros de cualquier manera que sean hechos y recibidos, del poder que tienen los padres sobre sus hijos y de la obediencia que ellos deben a sus padres, pues esto, según naturaleza junta amor por razón de linaje, y del deudo que hay entre los criados y los que crían, y entre los siervos y sus dueños, los vasallos y sus señores, las razones del señorío y de lo bien hecho que los menores reciben de los mayores y otro sí por lo que reciben los mayorales de los otros. **Quinta Partida:** Trata de los empréstitos y de los cambios y de las miercas, y de todos los otros pleitos y conveniencias que los hombres hacen entre ellos, placiendo a ambas partes, como se deben hacer y cuáles son valederas o no, y cómo se deben partir las contiendas que entre las partes nacieren. **Sexta Partida:** Los testamentos, quién los debe hacer, y cómo deben ser hechos y en qué manera pueden heredar los padres a los hijos y a los otros parientes suyos y aun a los extraños, y otrosí de los huérfanos y de las cosas que les pertenecen. **Séptima Partida:** Y en la setena partida de todas las acusaciones y los males y las enemigas que los hombres hacen de muchas maneras y de las penas y de los escarmientos que merecen por razón de ellos.

Simple mancomunidad.- Es el crédito de la deuda.

Simpliciter disponunt.- Es una norma del derecho positivo.

Sine manu.- Separación de un matrimonio.

Sine scriptis.- procedimiento oral.

Sirio romano.- Código de compilación de derecho romano dispositivo.

Sitzen.- Relación física entre una persona o cosa.

Societas.- Asociación en participación, sus efectos son de carácter interno.

Solvere y solutio.- Cumplir con un deber.

Spes obligationis.- Significa resoluciones resolutorias.

Sponcio.- Es una sanción, actúa contra cualquier parte. /Voz latina que significa promesa.

Spurii.- Hijos nacidos de relaciones transitorias.

Stare decisis.- Apegarse a lo decidido,

Statu liber.- Manumisión por testamento sujeto a término para el esclavo.

Status civitatis.- Fue el segundo requisito de la personalidad física en la ciudadanía Romana. /Ser romanos, no extranjeros.

Status dediticio.- Ley que disponía a un esclavo que había sufrido este estado por penas infamantes era liberado (manumitido) / Eran éstos los esclavos por penas infamantes (servi poenae) que hubieran sido manumitidos.

Status familiae.- Ser independiente de la patria potestad.

Status latini veteres.- Habitantes no Romanos de la iglesia latina del siglo 340 a. C.

Status libertatis.- Ser libre, no esclavo

Statuta personalia.- Estatuto personal, capacidad, derecho de familia.

Statuta realia.- Estatuto real. Derecho correspondiente a la ubicación.

Stellionatus.- Sanción penal.

Stipulatio preatoria.- Obliga al particular a prestar algo.

Stipulatio.- Fuente importante de derechos personales./La estipulación es una manera de contratar, que consiste en una interrogación al efecto de obligar, hecha por el que quiere hacerse acreedor, seguida de una respuesta afirmativa y conforme a la pregunta hecha por el que consiente en hacerse deudor.

Stipulationes.- Estipulaciones.

Stricte.- Estricto.

Stricti iuns.- Obligaciones unilaterales.

Subpignus.- Derecho de prenda o hipoteca.

Subscriptio.- Anotación al pie de una solicitud.

Successio /Sucesorio.- Con la libertad testamentaria desde punto de vista sociológico./ Se usa precisamente para designar la transmisión del patrimonio que tiene lugar a la muerte de la persona, conforme al derecho hereditario romano, la sucesión universal mortis causa; era la transmisión a uno o varios herederos de un patrimonio ya que casi siempre se transmite a la muerte del causante./ Proceso del cual es llamado adquisición por sucesión, que es, sobre todas, la más importante./ Transmisión que en bajo determinados supuestos del patrimonio se opera entre vivos.

Sui iuris.- Paterfamilia / Ciudadano libre que al mismo tiempo dirigía su propia *domus* y puede actuar en la vida jurídica. Se podía tener este status cuando se es del sexo masculino, secarece de ascendentes masculinos y ha liberado de la patria potestad.

Sumamatim cognoscere.- El juez que se contentaría con pruebas superficiales.

T

Tabulari.- Precursores de nuestros notarios.

Tempus.- Posesión que debe durar un año para bienes muebles y dos para inmuebles.

Testamentum apud acta conditium.- Autoridad de Fe Pública Dentro de un testamento.

Testamentum calatis comitiis.- Negocios Básicos del derecho./ **El** *paterfamilias*, **ante los comicios convocados al efecto, declaraba a quien elegía por heredero**. Según la opinión doctrinal dominante, no era otra cosa que una *adrogatio*, es decir, un expediente por el cual el *pater* que no tenía herederos directos, se procuraba un artificialmente, con el que aseguraba la perpetuidad de su familia.

Testamentum per Aes Et Libram.- El causante vendía en bloque su patrimonio por mancipación a un hombre de confianza, determinando de viva *voz* la persona o personas a quienes habían de transmitirse los bienes después de la muerte del testador./ *Testamento hecho en norma de_nuncupatio*: El testador, teniendo en la mano las tabletas de cera en las que había asentado su última voluntad, decia: "Es de la manera que indican estas tabletas y esta cera como doy, lego, testo, y es por esto por lo que ustedes, quirites, me prestan su testimonio" (Gayo) Los testigos ponían sus sellos sobre las tabletas *obsignatio*, indicando su nombre respectivo, *superscriptio*.

Testamentum in procinctu.- Permisión de soldados para hacer testamentos/ Era el testamento militar, hecho ante el pueblo, en formación de batalla, no requería formalidades especiales y caducaba después del licenciamiento militar.

Testamentum militare.- Se hacía dentro con sangre dentro del escudo y con la espada dentro de la arena/*véase Testamentum in procinctu*.

Testamentum tripartitum.- Testamento hecho por los emperadores./ El testamento imperial o tripartito, tripertitum, fue reglamentado por una constitución de Teodosio II y de Valentino III, en el año 439 A.C., Se llamaba así en razón que sus

68

diferentes requisitos procedían de 3 fuentes: Derecho Civil, Derecho Pretorio, Derecho Imperial. Clases: 1) Ológrafo, escrito por el testador, sin testigos, 2) Alógrafo, escrito por otra persona con testigos, 3) Nuncupativo: Oral, siete testigos, 4) Público, se presentaba ante el juez o funcionario municipal 5) En la época de Justiniano eran redactados por un notario de profesión.

Testientis factus.- Locución latina que significa " Negatoria si se necesitara".

Testis unus.- Regla de Constantino y no existió en la fase formularia./ "Testigo uno, testigo ninguno" Traducción literal "Un testigo, es ningún testigo" Traducción más apropiada.

Tiempus luctus.- Tiempo luctuoso.

Tollere liberum.- Ningún hijo valía como tal sin un acto expresivo por parte del padre.

Tot gradus.- Tantos grados.

Traditio.- Tradición./Es el más importante de los modos adquisitivos en el
Derecho de gentes y se realizaba mediante la entrega de la cosa, aunada a la intención de

transmitir y de adquirir. Tiene dos requisitos; un objetivo y otro subjetivo.

Transactio.- Contrato que se formaliza haciendo concesiones recíprocas para prevenir, evitar o finalizar controversias presentes o futuras.

Translatio iudicii.- Acto por el cual el magistrado efectúa la enmienda necesaria.

Translatio studii.- Locución utilizada por los holandeses debido a los éxodos de una multitud de eruditos Franceses.

Tributando militar.- los tribunos militares eran jefes de infantería y fueron seleccionados entre los plebeyos.

Tribuno de la plebe.- permitía tener un representante en la Roma patricia y este era inviolable.

Tripartitio.- Tratado sistemático del derecho

Triplicatio.- Oposición a un *duplicatio*.

Turbetus sanguinis.- La mujer deja pasar el tiempo *fluctus*.

Turpitudo.- Sanciones en una sociedad integrada y unida.

Tutela.- Institución de protección y representación de incapaces. La tutela por excelencia fue la tutela de los impúberes *(tutela impuberum)*, que se ejercía sobre personas *sui iuris*, es decir, personas no sujetas a la patria potestad. El jurista Servio, citado por Paulo, en el *Digesto* la define como "un poder y potestad sobre persona libre que permite y otorga el derecho civil para proteger a quien por razón de su edad no puede defenderse por sí mismo".

U

Universitas.- Reunión de personas o de bienes considerados como un todo, esto es, como una unidad. En Roma éste término se aplicó tanto en el ámbito del derecho público como del privado.

Usucapio pro herede.- Servía para impulsar al heredero a una rápida decisión.

Usucapio / Usucapium.- Es el modo de perder o de adquirir derecho de propiedad por el simple paso del tiempo señalado por la ley./

Usufructus.- En el origen surgió hacia mediados del siglo II a.C. y al parecer esta práctica se debió al hecho de que el *pater familias* a su muerte trataba de asegurar a la viuda la suficiencia. Esto sucedió en el matrimonio sine manus. El usufructus tenía una serie de rasgos: A) Tenía carácter personalísimo e intransferible. B) La forma de constitución más frecuente era el legado. C) Es temporal.

Usufructus est ius alienis rebus utendi fruendi salva rerum

substatia.- Fue plasmado en el Digesto y quiere decir (Derecho real sobre cosa ajena para usar y percibir sus frutos dejando a salvo su sustancia). La expresión *utendi* y *fruendi* hacen referencia al derecho de usa y percibir los frutos por parte de su titular. Éste se llama usufructuario y la expresión *salva rerum substantia* se refiere a que el usufructuario debe respetar la naturaleza y uso económico de la cosa.

Usus.- En el derecho romano se considera que la propiedad da a su propietario el derecho al *usus*, al *fructus* y al *abusus;* es decir, al uso, al fruto y al abuso./ Una de las tres formas, junto a la *confarreatio* y a la *coemptio* admitidas en el Derecho Romano para la celebración del matrimonio. *Concubinato que duraba un año.* Luego del cual se podía formalizar el matrimonio o en caso contrario por la *trinoctio* (la mujer deja de dormir por tres noches seguidas en la casa del marido) se podía disolver el *usus*. El hecho de mantener a una mujer en la casa propia del marido por el transcurso de un año seguido, consagraba la *manus* y la consumación del matrimonio por el *usus*, fuera de toda ceremonia.

Usus modemus pendectanun.- La

manera contemporánea de usar el corpus.

Utilita singulorum.- Libertad individual / Seguridad de los derechos privados.

V

Vectigal.- Renta de terrenos públicos pertenecientes a templos o iglesias.

Venditio honorum.- Sucesión a título universal.

Venditio sub hasta.- Una venta pública.

Venia aetatis.- La emancipación crea condición jurídica.

Ventrem facide.- La pared de un vecino se encordaba.

Veteris iurisconsulti Consultatio.- Principal fuente histórica del derecho prejustiniano.

Venta trans tiberim.- Fue un derecho de que un sui iuris podía vender a otra persona *res* más allá del río Tíber en época antigua.

Veto.- La prohibición de *algo* o alguna cosa.

Vi vim repellere.- Contestar violentamente a la violencia.

Vindex.- Multa del doble del valor.

Vinitas negotti.- Procedimiento más

ágil para determinar casos.

Viriae causanlill figurae.- Diversas
causas de causas.

Virtus post numos.- Primero el dinero,
luego la virtud.

Vis animo illata.- Violencia psicológica.

Vis corpori illata.- Violencia física.

Votum.- ofertas hechas por justa causa
en una ciudad o templo.

Literatura revisada

De Pina Vara, Rafael (1991). Elementos
de derecho civil. Editorial Porrúa,
México.

Baqueiro Rojas, Edgard (1997). Derecho
civil. Editorial Porrúa, México.

Floris Margadant's, Guillermo (1983).
Derecho romano. Editorial Porrúa,
México.

Duarte, Marta, Derecho Romano (1987).
Harla, México.

Del Compilador

Luis Antonio Buenfil Rojas es un abogado litigante, con una década de experiencia en materias Derecho Civil, Familiar, Mercantil y Laboral.

Del año 2004 a la fecha se ha desempeñado como Jefe de Departamento de Seguimiento de Contratos en el Instituto de Infraestructura Educativa del Estado de Quintana Roo.

De Agosto de 2013 a la fecha imparte la materia de Derecho Civil en la Universidad Modelo, Campus Chetumal. Actualmente tiene una investigación en proceso en torno al tema de los Derechos Fundamentales, además de la publicación de 2 artículos en la materia.